습관을 들이는
100일
큐티노트

두란노

이렇게 큐티하세요!

day 12

본문을 읽는 중에 오늘 특별히 내게 와닿는 말씀을 적어 주세요. 이것이야말로 오늘 내게 들려주시는 하나님의 음성입니다. 큐티 교재만 보지 마시고 주석 성경을 옆에 두고 본문을 읽어 보세요. 본문과 인물의 배경을 알고 읽으면 묵상도 깊어지고 적용도 풍성해집니다.

하나님은 어떤 분이신가, 회개할 것, 깨달은 은혜 묵상하기

말씀을 묵상할 때는 하나님은 어떤 분이신가를 먼저 찾고, 나의 모습을 돌아보세요. 나름대로 신앙생활을 잘하고 있는 것 같았지만, 말씀에 비추어 보면 내가 여전히 끊지 못하는 죄가 있다는 것을 발견하게 됩니다. 100% 죄인인 나의 죄를 고백할 때 100% 옳으신 하나님께서 부어 주시는 은혜를 경험하게 될 것입니다.

가정에서, 일터에서, 이웃과의 관계에서, 교회 공동체에서 적용하기

성경 말씀은 수천 년 전 역사 이야기가 아니라 오늘 내 삶의 현장에 적용해야 할 하나님의 명령과 약속입니다. 지금 내 상황과 해결해야 할 문제에 대해 본문 말씀이 어떻게 적용되는지 구체적으로 찾아보세요. 그것을 어떻게 실천할지 기록하고, 꼭 행동으로 옮기십시오. 적용이 없는 큐티는 생명이 없는 플라스틱 조화(造花)에 불과합니다.

말씀에서 찾은 기도제목을 적어 보세요. 하나님의 말씀대로 살아야겠다고 아무리 결심해도 내일이면 흔들리는 것이 사람입니다. 나의 연약함을 불쌍히 여겨 달라고 겸손히 고백하고, 오늘 내게 주신 말씀이 그대로 이루어질 것을 믿고 기대하며 내 삶을 주님께 내어 드립시다.

 왜 날마다 큐티를 해야 하는지 명쾌하게 정리해 주는
김양재 목사님(우리들교회)의 큐티 어록!

큐티보다 삶이 중요하다.

2007년 8월 13일

〈시편 1:1-6〉 복 있는 사람은 악인의 꾀를 좇지 아니하며 죄인의 길에 서지 아니하며 오만한 자의 자리에 앉지 아니하고 오직 여호와의 율법을 즐거워하여 그 율법을 주야로 묵상하는 자로다···그 행사가 다 형통하리로다··악인이 심판을 견디지 못하며···

하나님은 어떤 분이신가, 회개할 것, 깨달은 은혜 묵상하기
율법이신 하나님(1-2), 시절을 좇아 과실을 맺게 하시고 모든 것을 형통케 하시는 하나님(3),
심판하시는 하나님(4-5), 의인의 길을 인정하시는 하나님(6).
날마다 말씀을 묵상할 때 하나님께서 때에 따라 열매를 맺게 하시고 형통케 하신다. 악인은 말씀을 묵상하지 않고 겨사에 바람에 나는 겨처럼 흔들리는 사람 심판을 견디지 못하고 공동체(회중)에 속하지 못하는 사람이라고 하신다.

가정에서, 일터에서, 이웃과의 관계에서, 교회 공동체에서 적용하기
1절 - 나는 복 있는 사람인가? 주야로 말씀을 묵상하는가? : 누구나 복 받는 것을 좋아하는데 말씀을 묵상하는 사람이 복 있는 사람이라고 하신다. 큐티야말로 복 받는 비결임을 알았다.

3절 - 말씀을 묵상함으로 하나님이 형통케 하신 일은 무엇인가? : 매일 성경을 읽고 기도하니 시간과 언어를 함부로 쓰지 않고, 그러니까 가족 관계가 회복된 것이 나를 형통케 하신 것.

4~5절 - 나에게 남아 있는 악인의 모습은 어떤 것일까? : 누가 새 집을 장만했다는 이야기에 나는 바람에 나는 겨처럼 흔들린다. 내가 아직도 그런 것에 흔들리니까 쓸 돈이 없게 하신 것이 하나님의 심판이다.

날마다 말씀을 묵상하여 하나님의 복을 받는 자가 되게 하옵소서. 질병, 배우자, 진로, 가족 구원, 이 모든 것의 때과 기한은 아버지께서 자기 권한에 두셨음을 믿습니다. 내가 말씀에 뿌리를 내리고 잘 서 있으면 하나님의 때에 하나님의 열매로 맺게 하실 것을 믿습니다. 육적인 문제가 해결되지 않아도 내게 있는 문제들을 말씀으로 해석하고 감사하게 된 것이 저를 형통케 하신 것임을 알았습니다. 육적인 형통을 구하지 않고 오직 영적인 형통을 구하고 누리는 자가 되게 하옵소서. 예수님의 이름으로 기도하옵나이다. 아멘.

말씀 묵상하는 사람에게 복 주실 것을
약속하신 하나님의 말씀

여호와의 말씀을 인하여 떠는 자들아 그 말씀을 들을지어다_이사야 66:5

day **1**

년   월   일

하나님은 어떤 분이신가, 회개할 것, 깨달은 은혜 묵상하기

가정에서, 일터에서, 이웃과의 관계에서, 교회 공동체에서 적용하기

큐티보다 삶이 중요하다.

년   월   일

하나님은 어떤 분이신가, 회개할 것, 깨달은 은혜 묵상하기

가정에서, 일터에서, 이웃과의 관계에서, 교회 공동체에서 적용하기

복 있는 사람은 … 오직 여호와의 율법을 즐거워하여 그 율법을 주야로 묵상하는 자로다_시편 1:1-2

day **3**

년   월   일

하나님은 어떤 분이신가, 회개할 것, 깨달은 은혜 묵상하기

가정에서, 일터에서, 이웃과의 관계에서, 교회 공동체에서 적용하기

큐티는 나를 향한 주님의 계획을 날마다 확인하는 것이다.

하나님은 어떤 분이신가, 회개할 것, 깨달은 은혜 묵상하기

가정에서, 일터에서, 이웃과의 관계에서, 교회 공동체에서 적용하기

태초에 말씀이 계시니라 … 이 말씀은 곧 하나님이시니라_요한복음 1:1

day **S**

년   월   일

하나님은 어떤 분이신가, 회개할 것, 깨달은 은혜 묵상하기

가정에서, 일터에서, 이웃과의 관계에서, 교회 공동체에서 적용하기

큐티는 말씀 안에서 내 죄를 보는 것이다.

년   월   일

하나님은 어떤 분이신가, 회개할 것, 깨달은 은혜 묵상하기

가정에서, 일터에서, 이웃과의 관계에서, 교회 공동체에서 적용하기

지혜자의 말씀은 찌르는 채찍 같고 회중의 스승의 말씀은 잘 박힌 못 같으니_전도서 12:11

day **7**

년   월   일

하나님은 어떤 분이신가, 회개할 것, 깨달은 은혜 묵상하기

가정에서, 일터에서, 이웃과의 관계에서, 교회 공동체에서 적용하기

큐티는 하나님을 사랑하는 나의 고백이다.

년   월   일

day **8**

하나님은 어떤 분이신가, 회개할 것, 깨달은 은혜 묵상하기

가정에서, 일터에서, 이웃과의 관계에서, 교회 공동체에서 적용하기

말씀이 육신이 되어 우리 가운데 거하시매_요한복음 1:14

day *9*

하나님은 어떤 분이신가, 회개할 것, 깨달은 은혜 묵상하기

가정에서, 일터에서, 이웃과의 관계에서, 교회·공동체에서 적용하기

큐티는 내 삶을 변화시켜서 예수님을 닮아 가는 것이다.

년   월   일

하나님은 어떤 분이신가, 회개할 것, 깨달은 은혜 묵상하기

가정에서, 일터에서, 이웃과의 관계에서, 교회 공동체에서 적용하기

이는 지혜와 훈계를 알게 하며 명철의 말씀을 깨닫게 하며_잠언 1:2

day 11

년   월   일

하나님은 어떤 분이신가, 회개할 것, 깨달은 은혜 묵상하기

가정에서, 일터에서, 이웃과의 관계에서, 교회 공동체에서 적용하기

큐티란 주님 앞에 내 부끄러운 문제를 오픈하는 것이다.

년   월   일

하나님은 어떤 분이신가, 회개할 것, 깨달은 은혜 묵상하기

가정에서, 일터에서, 이웃과의 관계에서, 교회 공동체에서 적용하기

저희를 진리로 거룩하게 하옵소서 아버지의 말씀은 진리니이다_요한복음 17:17

day **13**

하나님은 어떤 분이신가, 회개할 것, 깨달은 은혜 묵상하기

가정에서, 일터에서, 이웃과의 관계에서, 교회 공동체에서 적용하기

큐티는 내가 말씀을 통해 살아난 이야기를 기록하는 것이다.

하나님은 어떤 분이신가, 회개할 것, 깨달은 은혜 묵상하기

가정에서, 일터에서, 이웃과의 관계에서, 교회 공동체에서 적용하기

day 15

년   월   일

하나님은 어떤 분이신가, 회개할 것, 깨달은 은혜 묵상하기

가정에서, 일터에서, 이웃과의 관계에서, 교회 공동체에서 적용하기

큐티는 말씀의 인도를 받는 것이다.

하나님은 어떤 분이신가, 회개할 것, 깨달은 은혜 묵상하기

가정에서, 일터에서, 이웃과의 관계에서, 교회 공동체에서 적용하기

day 17   년   월   일

   하나님은 어떤 분이신가, 회개할 것, 깨달은 은혜 묵상하기

   가정에서, 일터에서, 이웃과의 관계에서, 교회 공동체에서 적용하기

큐티의 결론은 하나님이 100% 옳으시다는 것을 인정하는 것이다.

년   월   일

하나님은 어떤 분이신가, 회개할 것, 깨달은 은혜 묵상하기

가정에서, 일터에서, 이웃과의 관계에서, 교회 공동체에서 적용하기

하나님의 말씀은 살았고 운동력이 있어 … 혼과 영과 및 관절과 골수를 찔러 쪼개기까지 하며_히브리서 4:12

하나님은 어떤 분이신가, 회개할 것, 깨달은 은혜 묵상하기

가정에서, 일터에서, 이웃과의 관계에서, 교회 공동체에서 적용하기

큐티는 죄를 버리고 하나님 중심으로 사는 훈련이다.

년   월   일

 하나님은 어떤 분이신가, 회개할 것, 깨달은 은혜 묵상하기

 가정에서, 일터에서, 이웃과의 관계에서, 교회 공동체에서 적용하기

그의 능력의 말씀으로 만물을 붙드시며_히브리서 1:3

day 21   년   월   일

하나님은 어떤 분이신가, 회개할 것, 깨달은 은혜 묵상하기

가정에서, 일터에서, 이웃과의 관계에서, 교회 공동체에서 적용하기

큐티는 날마다 몸과 마음을 새롭게 하는 것이다.

년   월   일

하나님은 어떤 분이신가, 회개할 것, 깨달은 은혜 묵상하기

가정에서, 일터에서, 이웃과의 관계에서, 교회 공동체에서 적용하기

진리의 말씀과 하나님의 능력 안에 있어 의의 병기로 좌우하고_고린도후서 6:7

day **23**

년   월   일

하나님은 어떤 분이신가, 회개할 것, 깨달은 은혜 묵상하기

가정에서, 일터에서, 이웃과의 관계에서, 교회 공동체에서 적용하기

큐티는 말씀으로 나를 휘저어 죄의 찌꺼기를 걸러 내는 일이다.

하나님은 어떤 분이신가, 회개할 것, 깨달은 은혜 묵상하기

가정에서, 일터에서, 이웃과의 관계에서, 교회 공동체에서 적용하기

주의 말씀의 강령은 진리오니 주의 의로운 모든 규례가 영원하리이다_시편 119:160

하나님은 어떤 분이신가, 회개할 것, 깨달은 은혜 묵상하기

가정에서, 일터에서, 이웃과의 관계에서, 교회 공동체에서 적용하기

큐티는 하나님의 뜻을 분별하는 일이다.

년   월   일

day 26

하나님은 어떤 분이신가, 회개할 것, 깨달은 은혜 묵상하기

가정에서, 일터에서, 이웃과의 관계에서, 교회 공동체에서 적용하기

그러므로 믿음은 들음에서 나며 들음은 그리스도의 말씀으로 말미암았느니라_로마서 10:17

하나님은 어떤 분이신가, 회개할 것, 깨달은 은혜 묵상하기

가정에서, 일터에서, 이웃과의 관계에서, 교회 공동체에서 적용하기

큐티는 영혼의 질병을 진단하고 하나님의 처방을 받는 것이다.

년   월   일

 day 28

하나님은 어떤 분이신가, 회개할 것, 깨달은 은혜 묵상하기

가정에서, 일터에서, 이웃과의 관계에서, 교회 공동체에서 적용하기

성경은 폐하지 못하나니 하나님의 말씀을 받은 사람들을 신이라 하셨거든_요한복음 10:35

day 29   년   월   일

하나님은 어떤 분이신가, 회개할 것, 깨달은 은혜 묵상하기

가정에서, 일터에서, 이웃과의 관계에서, 교회 공동체에서 적용하기

큐티는 말씀이 내게 임하는 것이다.

하나님은 어떤 분이신가, 회개할 것, 깨달은 은혜 묵상하기

가정에서, 일터에서, 이웃과의 관계에서, 교회 공동체에서 적용하기

하나님의 말씀은 다 순전하며 하나님은 그를 의지하는 자의 방패시니라_잠언 30:5

day 31

하나님은 어떤 분이신가, 회개할 것, 깨달은 은혜 묵상하기

가정에서, 일터에서, 이웃과의 관계에서, 교회 공동체에서 적용하기

큐티란 하나님의 온전한 뜻을 깨닫는 것이다.

하나님은 어떤 분이신가, 회개할 것, 깨달은 은혜 묵상하기

가정에서, 일터에서, 이웃과의 관계에서, 교회 공동체에서 적용하기

여호와의 말씀은 정직하며 그 행사는 다 진실하시도다_시편 33:4

day **33**

하나님은 어떤 분이신가, 회개할 것, 깨달은 은혜 묵상하기

가정에서, 일터에서, 이웃과의 관계에서, 교회 공동체에서 적용하기

큐티는 내게 들려주시는 하나님의 음성을 듣는 일이다.

하나님은 어떤 분이신가, 회개할 것, 깨달은 은혜 묵상하기

가정에서, 일터에서, 이웃과의 관계에서, 교회 공동체에서 적용하기

말씀을 멸시하는 자는 패망을 이루고 계명을 두려워하는 자는 상을 얻느니라_잠언 13:13

day 35

년 월 일

오늘 주신 말씀

말씀 묵상하기

하나님은 어떤 분이신가, 회개할 것, 깨달은 은혜 묵상하기

말씀대로 적용하기

가정에서, 일터에서, 이웃과의 관계에서, 교회 공동체에서 적용하기

말씀대로 기도하기

큐티는 말씀 그대로 사는 것이다.

하나님은 어떤 분이신가, 회개할 것, 깨달은 은혜 묵상하기

가정에서, 일터에서, 이웃과의 관계에서, 교회 공동체에서 적용하기

어찌 그 말씀하신 바를 행치 않으시며 하신 말씀을 실행치 않으시랴_민수기 23:19

day **37**

년   월   일

하나님은 어떤 분이신가, 회개할 것, 깨달은 은혜 묵상하기

가정에서, 일터에서, 이웃과의 관계에서, 교회 공동체에서 적용하기

큐티는 깊은 죄의 뿌리를 내 마음 밭에서 캐내어 버리는 것이다.

년   월   일

하나님은 어떤 분이신가, 회개할 것, 깨달은 은혜 묵상하기

가정에서, 일터에서, 이웃과의 관계에서, 교회 공동체에서 적용하기

이 말씀은 나의 곤란 중에 위로라 주의 말씀이 나를 살리셨음이니이다_시편 119:50

day **39**

년   월   일

하나님은 어떤 분이신가, 회개할 것, 깨달은 은혜 묵상하기

가정에서, 일터에서, 이웃과의 관계에서, 교회 공동체에서 적용하기

큐티는 하나님께 드리는 개인 예배다.

하나님은 어떤 분이신가, 회개할 것, 깨달은 은혜 묵상하기

가정에서, 일터에서, 이웃과의 관계에서, 교회 공동체에서 적용하기

내가 하나님을 의지하여 그 말씀을 찬송하며 여호와를 의지하여 그 말씀을 찬송하리이다_시편 56:10

day **41**

년   월   일

하나님은 어떤 분이신가, 회개할 것, 깨달은 은혜 묵상하기

가정에서, 일터에서, 이웃과의 관계에서, 교회 공동체에서 적용하기

큐티는 하나님과 내가 일대일로 만나는 시간이다.

년   월   일

day 42

하나님은 어떤 분이신가, 회개할 것, 깨달은 은혜 묵상하기

가정에서, 일터에서, 이웃과의 관계에서, 교회 공동체에서 적용하기

하나님은 말씀을 내시며 너를 향하여 입을 여시고_욥기 11:5

하나님은 어떤 분이신가, 회개할 것, 깨달은 은혜 묵상하기

가정에서, 일터에서, 이웃과의 관계에서, 교회 공동체에서 적용하기

큐티는 하나님 앞에 날마다 죽는 것이다.

년   월   일

하나님은 어떤 분이신가, 회개할 것, 깨달은 은혜 묵상하기

가정에서, 일터에서, 이웃과의 관계에서, 교회 공동체에서 적용하기

훈계에 착심하며 지식의 말씀에 귀를 기울이라_잠언 23:12

day **45**

년   월   일

하나님은 어떤 분이신가, 회개할 것, 깨달은 은혜 묵상하기

가정에서, 일터에서, 이웃과의 관계에서, 교회 공동체에서 적용하기

큐티는 일어난 사건을 말씀으로 해석하는 것이다.

하나님은 어떤 분이신가, 회개할 것, 깨달은 은혜 묵상하기

가정에서, 일터에서, 이웃과의 관계에서, 교회 공동체에서 적용하기

대저 하나님의 모든 말씀은 능치 못하심이 없느니라_누가복음 1:37

day 47

년   월   일

하나님은 어떤 분이신가, 회개할 것, 깨달은 은혜 묵상하기

가정에서, 일터에서, 이웃과의 관계에서, 교회 공동체에서 적용하기

큐티는 육적 성전이 무너지고 영적 성전을 짓는 일이다.

하나님은 어떤 분이신가, 회개할 것, 깨달은 은혜 묵상하기

가정에서, 일터에서, 이웃과의 관계에서, 교회 공동체에서 적용하기

하나님은 어떤 분이신가, 회개할 것, 깨달은 은혜 묵상하기

가정에서, 일터에서, 이웃과의 관계에서, 교회 공동체에서 적용하기

큐티는 말씀으로 미리 맞는 예방주사다.

년   월   일

day **50**

하나님은 어떤 분이신가, 회개할 것, 깨달은 은혜 묵상하기

가정에서, 일터에서, 이웃과의 관계에서, 교회 공동체에서 적용하기

하나님의 선한 말씀과 내세의 능력을 맛보고_ 히브리서 6:5

day **51**

년   월   일

하나님은 어떤 분이신가, 회개할 것, 깨달은 은혜 묵상하기

가정에서, 일터에서, 이웃과의 관계에서, 교회 공동체에서 적용하기

큐티는 그리스도의 몸 된 교회와 공동체를 세우는 길이다.

하나님은 어떤 분이신가, 회개할 것, 깨달은 은혜 묵상하기

가정에서, 일터에서, 이웃과의 관계에서, 교회 공동체에서 적용하기

day 53

년   월   일

하나님은 어떤 분이신가, 회개할 것, 깨달은 은혜 묵상하기

가정에서, 일터에서, 이웃과의 관계에서, 교회 공동체에서 적용하기

큐티는 어린아이처럼 하나님의 말씀을 받아들이는 것이다.

년   월   일

하나님은 어떤 분이신가, 회개할 것, 깨달은 은혜 묵상하기

가정에서, 일터에서, 이웃과의 관계에서, 교회 공동체에서 적용하기

구원의 투구와 성령의 검 곧 하나님의 말씀을 가지라_에베소서 6:17

day **55**

하나님은 어떤 분이신가, 회개할 것, 깨달은 은혜 묵상하기

가정에서, 일터에서, 이웃과의 관계에서, 교회 공동체에서 적용하기

큐티는 보험을 몇백 개 드는 것과 비교할 수 없는 삶의 안전장치다.

하나님은 어떤 분이신가, 회개할 것, 깨달은 은혜 묵상하기

가정에서, 일터에서, 이웃과의 관계에서, 교회 공동체에서 적용하기

day **57**

년 월 일

하나님은 어떤 분이신가, 회개할 것, 깨달은 은혜 묵상하기

가정에서, 일터에서, 이웃과의 관계에서, 교회 공동체에서 적용하기

큐티는 하나님이 붙여 주신 공동체에 매여 있는 것이다.

하나님은 어떤 분이신가, 회개할 것, 깨달은 은혜 묵상하기

가정에서, 일터에서, 이웃과의 관계에서, 교회 공동체에서 적용하기

day **59**

하나님은 어떤 분이신가, 회개할 것, 깨달은 은혜 묵상하기

가정에서, 일터에서, 이웃과의 관계에서, 교회 공동체에서 적용하기

큐티는 하나님의 인격에 인격으로 반응하는 것이다.

년   월   일

day **60**

하나님은 어떤 분이신가, 회개할 것, 깨달은 은혜 묵상하기

가정에서, 일터에서, 이웃과의 관계에서, 교회 공동체에서 적용하기

주의 말씀을 묵상하려고 내 눈이 야경이 깊기 전에 깨었나이다_시편 119:148

day 61

년   월   일

하나님은 어떤 분이신가, 회개할 것, 깨달은 은혜 묵상하기

가정에서, 일터에서, 이웃과의 관계에서, 교회 공동체에서 적용하기

큐티는 성경 공부가 아니라 삶을 보여 주는 것이다.

하나님은 어떤 분이신가, 회개할 것, 깨달은 은혜 묵상하기

가정에서, 일터에서, 이웃과의 관계에서, 교회 공동체에서 적용하기

내가 주께 범죄치 아니하려 하여 주의 말씀을 내 마음에 두었나이다_시편 119:11

day **63**

년   월   일

하나님은 어떤 분이신가, 회개할 것, 깨달은 은혜 묵상하기

가정에서, 일터에서, 이웃과의 관계에서, 교회 공동체에서 적용하기

큐티는 말씀대로 사는 생활 예배를 드리는 것이다.

하나님은 어떤 분이신가, 회개할 것, 깨달은 은혜 묵상하기

가정에서, 일터에서, 이웃과의 관계에서, 교회 공동체에서 적용하기

하나님은 어떤 분이신가, 회개할 것, 깨달은 은혜 묵상하기

가정에서, 일터에서, 이웃과의 관계에서, 교회 공동체에서 적용하기

큐티의 결론은 영혼 구원이다.

년   월   일

day 66

하나님은 어떤 분이신가, 회개할 것, 깨달은 은혜 묵상하기

가정에서, 일터에서, 이웃과의 관계에서, 교회 공동체에서 적용하기

주의 말씀의 맛이 내게 어찌 그리 단지요 내 입에 꿀보다 더하니이다_시편 119:103

day **67**

하나님은 어떤 분이신가, 회개할 것, 깨달은 은혜 묵상하기

가정에서, 일터에서, 이웃과의 관계에서, 교회 공동체에서 적용하기

큐티는 내 잘못과 부족한 점을 말씀에 비춰 고백하는 시간이다.

하나님은 어떤 분이신가, 회개할 것, 깨달은 은혜 묵상하기

가정에서, 일터에서, 이웃과의 관계에서, 교회 공동체에서 적용하기

day **69**

년   월   일

하나님은 어떤 분이신가, 회개할 것, 깨달은 은혜 묵상하기

가정에서, 일터에서, 이웃과의 관계에서, 교회 공동체에서 적용하기

큐티는 중독 치료를 받는 것이다.

하나님은 어떤 분이신가, 회개할 것, 깨달은 은혜 묵상하기

가정에서, 일터에서, 이웃과의 관계에서, 교회 공동체에서 적용하기

주의 종에게 하신 말씀을 기억하소서 주께서 나로 소망이 있게 하셨나이다_시편 119:49

하나님은 어떤 분이신가, 회개할 것, 깨달은 은혜 묵상하기

가정에서, 일터에서, 이웃과의 관계에서, 교회 공동체에서 적용하기

큐티는 구속사로 성경을 읽어 가는 것이다.

하나님은 어떤 분이신가, 회개할 것, 깨달은 은혜 묵상하기

가정에서, 일터에서, 이웃과의 관계에서, 교회 공동체에서 적용하기

고난당하기 전에는 내가 그릇 행하였더니 이제는 주의 말씀을 지키나이다_시편 119:67

day 73

년   월   일

하나님은 어떤 분이신가, 회개할 것, 깨달은 은혜 묵상하기

가정에서, 일터에서, 이웃과의 관계에서, 교회 공동체에서 적용하기

큐티는 내 시선이 아닌 하나님의 시선으로 환경을 보는 것이다.

하나님은 어떤 분이신가, 회개할 것, 깨달은 은혜 묵상하기

가정에서, 일터에서, 이웃과의 관계에서, 교회 공동체에서 적용하기

하나님은 어떤 분이신가, 회개할 것, 깨달은 은혜 묵상하기

 가정에서, 일터에서, 이웃과의 관계에서, 교회 공동체에서 적용하기

큐티는 말씀을 내 삶에 적용하는 것이다.

하나님은 어떤 분이신가, 회개할 것, 깨달은 은혜 묵상하기

가정에서, 일터에서, 이웃과의 관계에서, 교회 공동체에서 적용하기

여호와의 말씀을 인하여 떠는 자들아 그 말씀을 들을지어다_이사야 66:5

하나님은 어떤 분이신가, 회개할 것, 깨달은 은혜 묵상하기

가정에서, 일터에서, 이웃과의 관계에서, 교회 공동체에서 적용하기

큐티는 때에 맞게 순종하는 지혜이다.

하나님은 어떤 분이신가, 회개할 것, 깨달은 은혜 묵상하기

가정에서, 일터에서, 이웃과의 관계에서, 교회 공동체에서 적용하기

청년이 무엇으로 그 행실을 깨끗케 하리이까 주의 말씀을 따라 삼갈 것이니이다_시편 119:9

하나님은 어떤 분이신가, 회개할 것, 깨달은 은혜 묵상하기

가정에서, 일터에서, 이웃과의 관계에서, 교회 공동체에서 적용하기

큐티는 내 인생을 말씀으로 해석하는 것이다.

년   월   일

하나님은 어떤 분이신가, 회개할 것, 깨달은 은혜 묵상하기

가정에서, 일터에서, 이웃과의 관계에서, 교회 공동체에서 적용하기

나의 행보를 주의 말씀에 굳게 세우시고 아무 죄악이 나를 주장치 못하게 하소서_시편 119:133

하나님은 어떤 분이신가, 회개할 것, 깨달은 은혜 묵상하기

가정에서, 일터에서, 이웃과의 관계에서, 교회 공동체에서 적용하기

큐티는 성경을 지도로 놓고 십자가를 길로 놓고 가는 순종이다.

년   월   일

day 82

하나님은 어떤 분이신가, 회개할 것, 깨달은 은혜 묵상하기

가정에서, 일터에서, 이웃과의 관계에서, 교회 공동체에서 적용하기

여호와의 말씀으로 하늘이 지음이 되었으며 그 만상이 그 입 기운으로 이루었도다_시편 33:6

하나님은 어떤 분이신가, 회개할 것, 깨달은 은혜 묵상하기

가정에서, 일터에서, 이웃과의 관계에서, 교회 공동체에서 적용하기

하나님은 어떤 분이신가, 회개할 것, 깨달은 은혜 묵상하기

가정에서, 일터에서, 이웃과의 관계에서, 교회 공동체에서 적용하기

하나님은 어떤 분이신가, 회개할 것, 깨달은 은혜 묵상하기

가정에서, 일터에서, 이웃과의 관계에서, 교회 공동체에서 적용하기

큐티는 우리가 날마다 구해야 할 일용할 양식이다.

하나님은 어떤 분이신가, 회개할 것, 깨달은 은혜 묵상하기

가정에서, 일터에서, 이웃과의 관계에서, 교회 공동체에서 적용하기

전도자가 힘써 아름다운 말을 구하였나니 기록한 것은 정직하여 진리의 말씀이니라_전도서 12:10

day **87**

하나님은 어떤 분이신가, 회개할 것, 깨달은 은혜 묵상하기

가정에서, 일터에서, 이웃과의 관계에서, 교회 공동체에서 적용하기

큐티는 인생의 목적이 행복이 아니라 거룩임을 깨닫는 것이다.

년   월   일

day **88**

하나님은 어떤 분이신가, 회개할 것, 깨달은 은혜 묵상하기

가정에서, 일터에서, 이웃과의 관계에서, 교회 공동체에서 적용하기

네가 네 하나님 여호와의 말씀을 순종하면 이 모든 복이 네게 임하며 네게 미치리니_신명기 28:2

하나님은 어떤 분이신가, 회개할 것, 깨달은 은혜 묵상하기

가정에서, 일터에서, 이웃과의 관계에서, 교회 공동체에서 적용하기

day **89**

년   월   일

큐티는 탐심을 정리하는 훈련이다.

년   월   일

day 90

하나님은 어떤 분이신가, 회개할 것, 깨달은 은혜 묵상하기

가정에서, 일터에서, 이웃과의 관계에서, 교회 공동체에서 적용하기

삼가 말씀에 주의하는 자는 좋은 것을 얻나니 여호와를 의지하는 자가 복이 있느니라_잠언 16:20

day **91**

년   월   일

하나님은 어떤 분이신가, 회개할 것, 깨달은 은혜 묵상하기

가정에서, 일터에서, 이웃과의 관계에서, 교회 공동체에서 적용하기

큐티는 반석 위에 집을 세우는 일이다.

년   월   일

day 92

하나님은 어떤 분이신가, 회개할 것, 깨달은 은혜 묵상하기

가정에서, 일터에서, 이웃과의 관계에서, 교회 공동체에서 적용하기

너희는 이 언약의 말씀을 지켜 행하라 그리하면 너희의 하는 모든 일이 형통하리라_신명기 29:9

하나님은 어떤 분이신가, 회개할 것, 깨달은 은혜 묵상하기

가정에서, 일터에서, 이웃과의 관계에서, 교회 공동체에서 적용하기

큐티는 스스로의 정욕을 다스리는 영적 싸움이다.

하나님은 어떤 분이신가, 회개할 것, 깨달은 은혜 묵상하기

가정에서, 일터에서, 이웃과의 관계에서, 교회 공동체에서 적용하기

하나님은 어떤 분이신가, 회개할 것, 깨달은 은혜 묵상하기

가정에서, 일터에서, 이웃과의 관계에서, 교회 공동체에서 적용하기

큐티는 나를 의의 병기로 드리는 것이다.

하나님은 어떤 분이신가, 회개할 것, 깨달은 은혜 묵상하기

가정에서, 일터에서, 이웃과의 관계에서, 교회 공동체에서 적용하기

좋은 땅에 뿌리웠다는 것은 곧 말씀을 듣고 받아 삼십배와 육십배와 백배의 결실을 하는 자니라_마가복음 4:20

하나님은 어떤 분이신가, 회개할 것, 깨달은 은혜 묵상하기

가정에서, 일터에서, 이웃과의 관계에서, 교회 공동체에서 적용하기

큐티는 하나님께 드리는 산 제사이다.

하나님은 어떤 분이신가, 회개할 것, 깨달은 은혜 묵상하기

가정에서, 일터에서, 이웃과의 관계에서, 교회 공동체에서 적용하기

day 99
년   월   일

하나님은 어떤 분이신가, 회개할 것, 깨달은 은혜 묵상하기

가정에서, 일터에서, 이웃과의 관계에서, 교회 공동체에서 적용하기

큐티의 꽃은 적용이다.

하나님은 어떤 분이신가, 회개할 것, 깨달은 은혜 묵상하기

가정에서, 일터에서, 이웃과의 관계에서, 교회 공동체에서 적용하기

습관을 들이는
100일 큐티노트

지은이 | 김양재
펴낸날 | 2007. 8. 15
34쇄 발행 | 2023. 5. 4
등록번호 | 제 3-203호
등록된 곳 | 서울시 용산구 서빙고로65길 38
발행처 | 사단법인 두란노서원
영업부 | 2078-3333 FAX 080-749-3705
출판부 | 2078-3477

▮책값은 뒤표지에 있습니다.
ISBN 978 - 89 - 531 - 0872 - 1 03230

▮독자의 의견을 기다립니다.
tpress@duranno.com   http://www.Duranno.com

두란노서원은 바울 사도가 3차 전도 여행 때 에베소에서 성령 받은 제자들을 따로 세워 하나님의 말씀으로 양육하던 장소입니다. 사도행전19장 8-20절의 정신에 따라 첫째 목회자를 돕는 사역과 평신도를 훈련시키는 사역, 둘째 세계선교(TIM)와 문서선교(단행본 · 잡지)사역, 셋째 예수문화 및 경배와 찬양 사역, 그리고 가정 · 상담 사역 등을 감당하고 있습니다. 1980년 12월 22일에 창립된 두란노서원은 주님 오실 때까지 이 사역들을 계속할 것입니다.